Jeunesse et Environnement : Permaculture dans un lycée

Sommaire

Préface

Lycéens et membres d'une association axée sur le développement durable, nous nous sommes toujours interrogés sur l'impact de l'éducation. Nous avons fait le constat que la jeunesse n'est pas assez impliquée dans les défis écologiques auxquels elle sera cependant confrontée. Et si nous pouvions, à notre échelle, changer cela.

C'est avec cette idée en tête que nous avons participé à un projet audacieux : créer un jardin de permaculture dans un établissement scolaire. Les objectifs sont multiples. Tout d'abord, cela donne au lycée une autre facette : l'élève n'y va pas uniquement pour travailler, mais aussi pour s'épanouir dans un projet qui lui tient à cœur. Ensuite, ce projet permet de créer de nouveaux liens : les professeurs et les élèves se retrouvent en dehors du cadre scolaire pour travailler main dans la main. Enfin, cela permet de sensibiliser les futurs citoyens à l'agriculture durable et au développement durable.

Dans une démarche de partage des connaissances et de volonté d'étendre ce projet dans d'autres établissements, nous avons décidé de rédiger ce livre, dans lequel vous trouverez le compte rendu de ce projet novateur.

Sur une planète de plus de sept milliards d'êtres humains, faisant face à de plus en plus de défis écologiques, de nombreux scientifiques et agriculteurs ont cherché un moyen de répondre aux besoins de l'Homme, tout en respectant le développement durable.

Depuis des années, l'institution Saint Joseph au Havre possède un terrain de près de 1000 m2, longtemps laissé au dépourvu. Avec l'aide de la responsable de la vie scolaire au lycée, nous avons tenté, dans le cadre de nos Travaux Personnels Encadrés, d'établir un jardin de permaculture, une expérience rare dans un lycée en France.

Nous allons voir si la permaculture est envisageable au lycée Saint Joseph. Dans un premier temps, nous étudierons l'origine et les principes de la permaculture afin de mieux comprendre son fonctionnement. Ensuite, nous en déduirons ce que l'on peut en appliquer sur le terrain disponible à Saint Joseph. Enfin, nos interprétations sur cette expérience, et ses impacts sur le développement durable.

Première Partie : Genèse et principes généraux de la permaculture

<u>Chapitre 1 : Histoire de l'agriculture</u>

Depuis son apparition sur la Terre, l'Homme s'est toujours posé la même question : Comment se nourrir ? Nous allons voir l'évolution de l'agriculture au cours de l'Histoire, jusqu'à aboutir à la création de la permaculture.

L'agriculture date de 10000 ans et l'âge agro-industriel ne date seulement que de 150 ans. L'histoire de l'agriculture est séparée en trois âges, d'une durée très inégale.

<u>Age préagricole</u>

Les premiers hommes étaient des prédateurs. Ils pratiquaient la cueillette, récoltaient des fruits sauvages, des glands et des racines. Ils cherchaient aussi des vers, des insectes et des lézards. Ils pêchaient dans les rivières à côté desquelles ils vivaient et ramassaient des coquillages sur les rivages.

C'est la période de l'aliment sauvage. A cette époque, il fallait un bon nombre de connaissances. Il fallait savoir le lieu et le moment de disponibilité de la plante, la partie consommable, la façon de la consommer.

Selon les spécialistes, la connaissance du monde végétal au cours de la période préagricole fut remarquable. La recherche de la nourriture développa donc l'homme culturellement et structura initialement les sociétés.

<u>Age agricole (révolution néolithique)</u>

Il y a eu principalement trois centres de formation et de diffusion de l'agriculture : le Proche-Orient avec le fameux Croissant fertile, l'Asie du Sud-Est et la Méso-Amérique. La période agricole est basée sur 4 fondamentaux.

1. L'homme qui était avant prédateur devient producteur. Il artificialise les milieux et les produits.

2. L'homme va consommer et produire chez lui. C'est la période de l'aliment agricole, il y a un travail de binage et d'entretien des parcelles pour en améliorer le rendement.

3. L'autoconsommation est prédominante. 70 à 80 % de la population est agricole.

4. L'agriculture développa la sédentarité et créa une nouvelle base de structuration sociale fondée sur le territoire exploité.

Le foyer d'origine est le Moyen-Orient, d'où une agriculture déjà très avancée se propage vers le Nord-Ouest selon deux courants de diffusion :

- le **courant danubien** au Nord qui va aboutir à la colonisation de la France du Nord par une population très organisée construisant les fameuses maisons danubiennes de plusieurs dizaines de mètres de longueur.

- Le **courant méditerranéen** au Sud se caractérisant par de petits groupes nomades vivant dans des abris saisonniers. Le mode de culture est celui de l'abattis brûlis sur forêt (défrichement par le feu) et abandon des parcelles après épuisement du sol.

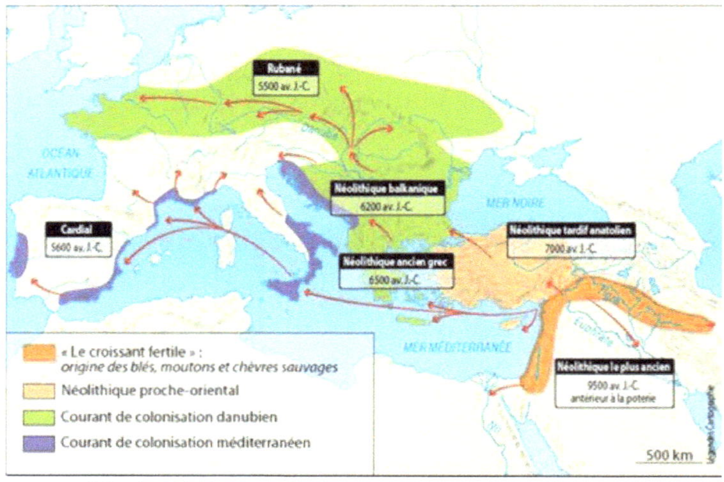

Diffusion de la Révolution néolithique. Source : Kana-

L'âge agro-industriel

La Nouvelle Agriculture apparaît aux Pays-Bas, puis gagne l'Angleterre. En France, les intellectuels élaborent la théorie de ce nouveau type d'agriculture : plus de fourrages pour plus de bétail pour plus de fumier pour donner plus de céréales au final. C'est la période de l'aliment "agro-industriel ", transformé et préparé par les industries alimentaires, sur la base des matières premières agricoles. Les industries alimentaires se substituèrent d'abord à l'agriculture dans la transformation des produits agricoles. On mécanise également beaucoup plus les activités agricoles.

Les progrès scientifiques vont avoir des impacts sur : l'amélioration des espèces cultivées et élevées (par croisements et sélection), la nutrition (production et usage des engrais), l'hygiène (protection contre les maladies et les insectes)

Au cours de l'histoire, la méthode d'agriculture parfaite n'a jamais été déterminée, les contraintes ne peuvent pas être toutes respectées.
Le tableau suivant regroupe les principales techniques:

Type d'agriculture	*Caractéristiques*
<u>Agriculture biologique</u>: Mode de production qui trouve son originalité dans le recours à des pratiques culturales et d'élevage, soucieuses du respect des équilibres naturels. Ainsi, elle exclut l'usage des produits chimiques de synthèse, des OGM et limite l'emploi d'intrants.	- Rotation des cultures - Limitation des intrants - Refus des OGM - Utilisation de ressources de la ferme biologique - Choix raisonné d'espèces animales et végétales - Élevage en plein air

<u>L'agriculture raisonnée :</u> Mode de culture similaire à l'agriculture biologique. La principale différence se trouve dans l'utilisation de produits chimiques de synthèse, l'agriculture raisonnée ne s'interdit pas l'utilisation de ces produits si les méthodes traditionnelles contre les maladies ne sont pas efficaces. Cependant, leur mise en œuvre est toujours précédée d'un diagnostic précis et d'une évaluation rigoureuse.	- Caractéristiques similaires à l'agriculture biologique **<u>MAIS</u>** - Usage justifié des intrants agricoles pour protéger les cultures et les animaux
<u>L'agriculture intensive :</u> Système de production agricole caractérisé par l'usage important d'intrants, et cherchant à maximiser la production par rapport aux facteurs de production, qu'il s'agisse de la main d'œuvre, du sol ou des moyens de production.	- Mécanisation très importante - Utilisation importante d'intrants (appauvrissement des terres) - Grandes surfaces agricoles - Minimisation des pertes et maximisation du rendement des terres

L'agriculture biodynamique : Système de production agricole possédant également de nombreux points communs avec l'agriculture biologique. Il assure la santé du sol et des plantes pour procurer une alimentation saine aux animaux et aux Hommes.	- Pas d'utilisation d'intrants chimiques mais utilisation de préparations "biodynamiques » (bo use de corne, silice de corne, etc...) - Prise en compte des mouvements des astres et des rythmes zodiacaux pour effectuer certaines préparations
Agriculture durable : Mode de production qui se base sur l'idée de développement durable. L'agriculture durable invite à promouvoir et à pratiquer une agriculture économiquement viable, saine pour l'environnement et socialement équitable. La dimension sociale est particulièrement importante dans la démarche agriculture durable.	- Pas de caractéristiques précises (pas de cahier des charges officiel) mais usage limité des pesticides qui peuvent nuire à la santé des agriculteurs et des consommateurs

Nous allons présenter, dans ce livre, un dernier mode de culture : la permaculture. C'est un concept qui combine design, mode de vie et mode de culture, le tout dans un respect permanent de l'environnement et de l'Homme. L'objectif est de vivre en harmonie avec la Terre et ce qu'elle nous apporte par le biais de cultures permanentes. Le concept de permaculture a été officiellement défini par ses pionniers australiens Bill Mollison et David Holmgren, comme nous pouvons le voir sur la frise suivante.

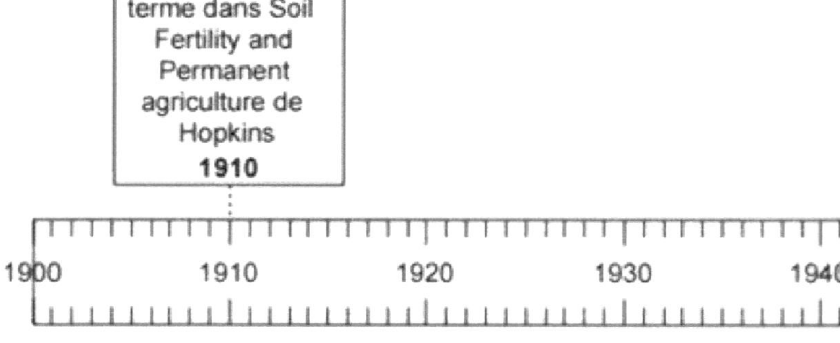

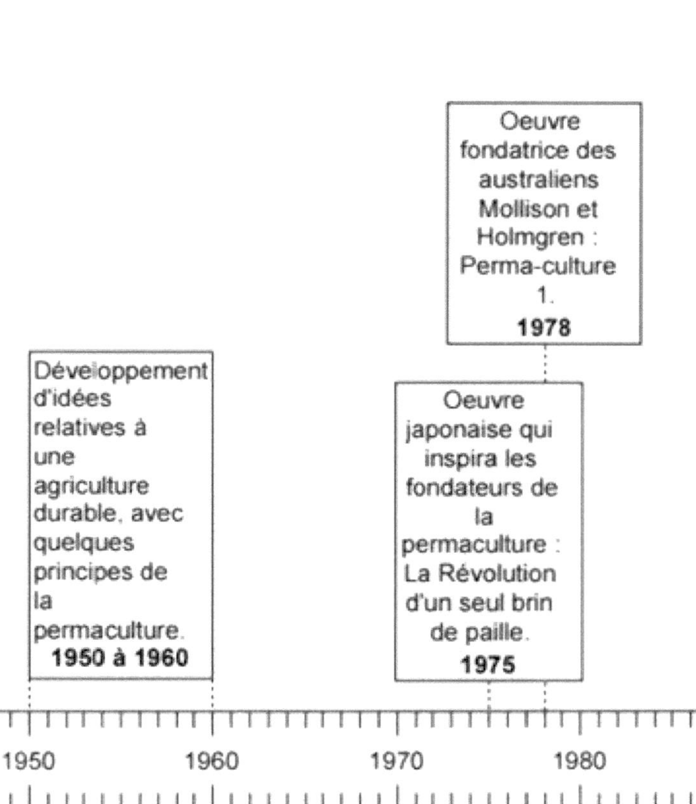

Oeuvre fondatrice des australiens Mollison et Holmgren : Perma-culture 1.
1978
Développement d'idées relatives à une agriculture durable, avec quelques principes de la permaculture.
1950 à 1960
Oeuvre japonaise qui inspira les fondateurs de la permaculture : La Révolution d'un seul brin de paille.
1975
1950
1960
1970
1980

Chapitre 2 : Principes de la permaculture

Les principes de la permaculture sont de courtes déclarations ou slogan. Ces principes sont considérés comme universels bien que les méthodes pour les appliquer diffèrent grandement en fonction du contexte social et géographique.

◆ Les principes éthiques

Les principes éthiques s'exercent sous forme de contraintes pour tempérer l'instinct de survie et les autres comportements sociaux individualistes, qui influencent les agissements humains dans tout groupe social. Ces principes sont des mécanismes culturels qui proposent une meilleure compréhension de l'intérêt personnel, une vision plus globale du « nous », c'est-à-dire les intérêts communs, et une perception à plus long terme des répercussions, aussi bien positives que négatives.

Depuis le développement de la permaculture, l'éthique a généralement été traitée selon trois grands principes :

- Prendre soin de la terre
- Prendre soin de l'humain
- Partager équitablement

◆ <u>Les principes de conception</u>

Les fondements scientifiques de ce type d'agriculture se rattachent le plus souvent à la science moderne de l'écologie, et plus précisément à « l'écologie des systèmes ». D'autres disciplines, et plus particulièrement la géographie physique (branche de la géographie qui décrit la surface de la Terre) et l'ethnobiologie (étude des relations culturelles entre le monde du vivant, végétale ou animale, et l'humain) ont apporté des notions qui ont été adaptées aux principes de conception. Essentiellement, les principes de conception en permaculture résultent d'une façon de percevoir le monde souvent décrite comme « l'approche systémique », c'est-à-dire analyser le système dans son ensemble, en prenant en compte tous les phénomènes extérieurs.

La permaculture s'articule selon 12 principes de conception :

1. <u>Observer et interagir</u>

En permaculture, quand on observe la nature, il est important d'adopter des points de vue différents afin de comprendre ce qui se passe dans les différents éléments du système.

Les concepteurs se fondent principalement sur une observation minutieuse et une interaction attentive pour tirer parti plus efficacement des capacités humaines et pour réduire la dépendance vis-à-vis des énergies non-renouvelables et de la haute technologie.

2.   Collecter et stocker l'énergie

Pour faire fonctionner une plantation en permaculture, il est nécessaire d'apporter de l'énergie au départ. Pour respecter les principes éthiques énoncés précédemment, les énergies renouvelables sont le plus utilisées (le soleil, le vent et les eaux de ruissellement, les déchets des activités agricoles, industrielles et commerciales...).

3.   Créer une production

Bien que le respect de l'environnement soit un principe éthique majeur, il est nécessaire d'obtenir des résultats immédiats pour subvenir aux besoins de la génération actuelle. Ce principe nous rappelle que tout système devrait être conçu pour assurer une autonomie à tous les niveaux (y compris sur le plan personnel), en utilisant efficacement l'énergie collectée et stockée pour arriver à entretenir le système et aussi pour collecter encore plus d'énergie.

4.   Appliquer l'auto-régulation et accepter la rétroaction

L'auto-régulation est la régulation d'un système par lui-même : c'est ne pas gaspiller l'énergie produite avec la création du système.

Avec une meilleure compréhension de la façon dont fonctionnent les rétroactions positives et négatives dans la nature, les systèmes conçus sont mieux autorégulés, ce qui réduit le travail induit.

5. Utiliser et valoriser les services et les ressources renouvelables

Les ressources renouvelables sont celles qui peuvent être remplacées et renouvelées par des processus naturels. La meilleure utilisation possible des ressources naturelles renouvelables doit être recherchée, pour créer une production puis la maintenir, même s'il est parfois nécessaire d'utiliser certaines ressources non-renouvelables pour établir les systèmes au départ.

6. Ne pas produire de déchets

Le ver de terre illustre bien ce principe car il vit en consommant la litière végétale (déchets) qu'il convertit en humus, lequel à son tour améliore l'environnement du sol pour lui-même, pour les micro- organismes du sol et pour les plantes. Ainsi, le ver de terre fait partie d'un réseau où les productions des uns sont les matières premières des autres. Bill Mollison définit un polluant comme « un produit de n'importe quelle partie d'un système qui n'est pas utilisé de manière productive par une autre partie du système ».

Cette définition nous encourage à chercher comment minimiser la pollution et les déchets en concevant des systèmes permettant l'utilisation de tout ce qui est produit par les sous-systèmes.

7. Partir de l'ensemble au détail

C'est la notion la plus connue et probablement la plus utilisée. Pour concevoir un système, il est plus important de trouver un schéma d'ensemble approprié que de comprendre tous les détails des éléments du système.

L'idée qui a lancé la permaculture a été d'appliquer à l'agriculture le modèle de la forêt. Cette idée n'était pas nouvelle, mais elle était si peu appliquée ou développée dans de nombreuses cultures que ce fut l'occasion d'appliquer aux terres utilisées par l'homme l'un des modèles d'écosystèmes les plus répandus. Le modèle forestier a ses limites et il est parfois critiquable ; il n'en demeure pas moins un exemple solide de l'approche systémique.

8. Intégrer plutôt que de séparer

Dans tous les aspects de la nature, depuis les mécanismes internes des organismes jusqu'aux écosystèmes complets, les connections entre les éléments sont aussi importantes que les éléments eux-mêmes. Ce principe met l'accent sur les différents types de relations qui lient les éléments entre eux. Dans l'enseignement de la permaculture, deux énoncés ont joué un rôle central pour développer la conscience de l'importance des relations dans la conception de systèmes autonomes :

• Chaque élément remplit plusieurs fonctions.

• Chaque fonction est assurée par plusieurs éléments.

9.   Utiliser des solutions à petites échelles et avec de la patience

Pour chaque fonction, les systèmes sont conçus à la plus petite échelle qui permet de remplir la fonction tout en étant réalisable et efficace énergétiquement. C'est l'échelle humaine et les capacités de l'individu qui devraient être le principal étalon de mesure. Ce principe est relativement bien compris depuis les travaux novateurs de Schumacher, l'auteur de « *Small is Beautiful* ». À chaque fois que nous faisons quelque chose de façon autonome, comme cultiver nos aliments, réparer un appareil cassé, nous maintenir en bonne santé, nous appliquons ce principe de manière très efficace. À chaque fois que nous achetons aux petites entreprises locales ou que nous participons aux initiatives sociales ou environnementales à l'échelle locale, nous appliquons aussi ce principe.

10.   Utiliser et valoriser la diversité

C'est une grande diversité qui donne naissance à la complexité des systèmes issus de l'évolution. Il faut voir la diversité comme le résultat d'un équilibre dans la nature, entre d'un côté la variété et la possibilité, et de l'autre côté la productivité et la puissance.

Il est maintenant largement reconnu que la monoculture est une cause majeure de vulnérabilité vis-à-vis des ravageurs et des maladies, et par conséquent une cause du recours généralisé aux produits chimiques toxiques et à l'énergie pour les combattre. La polyculture constitue l'une des applications les plus importantes et les plus largement reconnues de l'usage de la diversité afin d'être moins sensible aux ravageurs, aux aléas climatiques et aux fluctuations du marché. La polyculture réduit également la dépendance aux systèmes marchands et favorise l'autonomie des ménages et des communautés en leur offrant une plus grande variété de biens et de services.

11.   Utiliser les interfaces et valoriser les bordures

Dans chaque écosystème terrestre, la partie vivante du sol constitue à la fois une bordure et une interface entre les couches minérales inertes et l'atmosphère. Pour toute vie terrestre, il s'agit de la plus importante de toutes les interfaces. Seules quelques espèces rustiques parviennent à se développer dans un sol peu profond, compacté et mal drainé, où l'interface est insuffisante. Un sol profond, bien drainé et aéré est un formidable interface qui alimente une vie végétale féconde et vigoureuse.

12. <u>Utiliser le changement et y réagir de manière créative</u>

Ce principe a deux facettes : d'un côté concevoir en utilisant le changement de façon volontaire et coopérative, et de l'autre réagir ou s'adapter de manière créative aux changements à grande échelle qu'on ne peut ni contrôler ni influencer. La permaculture concerne la durabilité des systèmes vivants naturels et de la culture humaine, mais paradoxalement cette durabilité dépend en grande partie de la flexibilité et du changement. La science nous a montré que ce qui est en apparence solide et permanent est, au niveau cellulaire et atomique, une masse effervescente d'énergie et de changement."

Ces principes permaculturels, d'éthiques ou de conception, peuvent être observés à l'œuvre tout autour de nous. Même quand ils sont absents ou apparemment contredits par la culture industrielle moderne, ces principes ont une pertinence universelle dans l'évolution vers un futur de sobriété énergétique, un des objectifs principaux de la permaculture.

Ces principes sont destinés à orienter le choix et le développement de solutions utiles.

La permaculture, à la différence de l'agriculture moderne à récolte annuelle, a un potentiel évolutif ininterrompu, conduisant l'écosystème vers un état climatique souhaitable. Dans l'agriculture classique, les cultures annuelles sont détruites à la moisson, et doivent être ressemées, alors que dans la permaculture, les plantes et les animaux, souvent à cycle de vie long, croissent et évoluent avec le système. Les espèces se succèdent les unes aux autres au fur et à mesure que l'écosystème va vers son climax (état théorique dans lequel un sol ou une communauté végétale a atteint un état d'équilibre stable et durable avec les **facteurs édaphiques**[1] et climatiques du milieu). La grande variété de types de plantes crée la diversité de l'habitat et de la nourriture, permettant le déploiement d'une faune complexe. Un système d'équilibre et contrepoids s'installe, aidant à prévenir les poussées d'épidémies parasitaires.

En permaculture, le sol devient plus complexe, grâce à la préservation de l'humosphère, une sorte de « couverture » du sol qui absorbe et emmagasine des aliments (feuilles et fumier) et de l'eau, pour un emploi ultérieur par les plantes. L'humosphère agit comme élément de contrôle sur les plantes pionnières (herbes) et réduit le ruissellement, le lessivage et l'érosion, mais aussi entretient une flore et une faune très variées.

La permaculture est un type d'agriculture qui a donc de nombreux principes, sur le plan éthique et sur le plan de la conception.

[1]**Facteurs édaphiques :** On qualifie d'édaphique ce qui a

Chapitre 3 : Etude du milieu

Conformément au premier principe de la permaculture, il est important d'analyser le terrain avant d'y cultiver n'importe quel fruit ou légume. Au préalable, de nombreux aspects doivent être pris en compte :

La taille :

D'un point de vue d'un maraîcher, une grande surface va être préférable si l'on veut produire en grande quantité. En revanche, en permaculture, il est possible de produire beaucoup sur très peu de surface. Il est donc nécessaire de considérer la surface à utiliser.

Le type de sol :

L'étude du sol va permettre de déterminer sa composition et sa fertilité. Nous pourrons ainsi en déduire les aménagements à créer en conséquence, ainsi que le type de plantations possible.

La méthode du bocal

Elle permet de déterminer le type de sol. Elle est divisée en trois étapes principales.

1ère étape: l'expérimentation.

Il s'agit de remplir de moitié le bocal de terre et l'autre moitié d'eau, laissant un peu d'air. Suite à cela, il faut remuer (pendant 3 minutes) puis laisser reposer (pendant 30 minutes) puis remuer de nouveau. Enfin laisser reposer durant 24h.

<u>2ème étape:</u> l'interprétation.

On constate différentes phases. Les matériaux plus denses, donc plus lourds se situent au fond, tandis que les plus légers sont vers la surface.

De bas en haut, on a donc la strate des sables, celle des limons et enfin celle de l'argile.

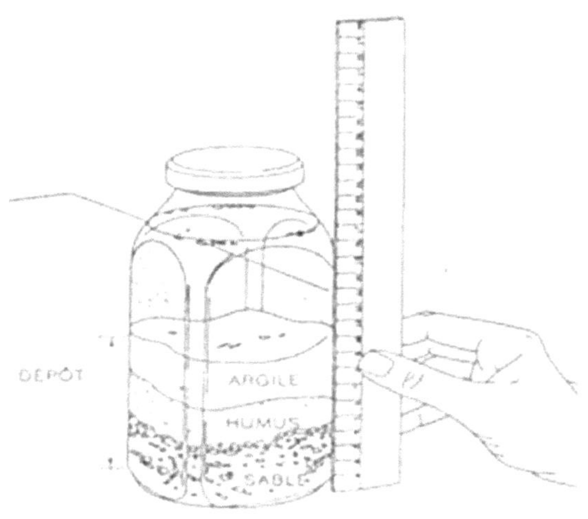

Après le repérage de ces strates, on mesure (à la règle) les hauteurs de ces phases et on en conclut des pourcentages respectifs.

<u>3ème étape:</u> la détermination du sol.

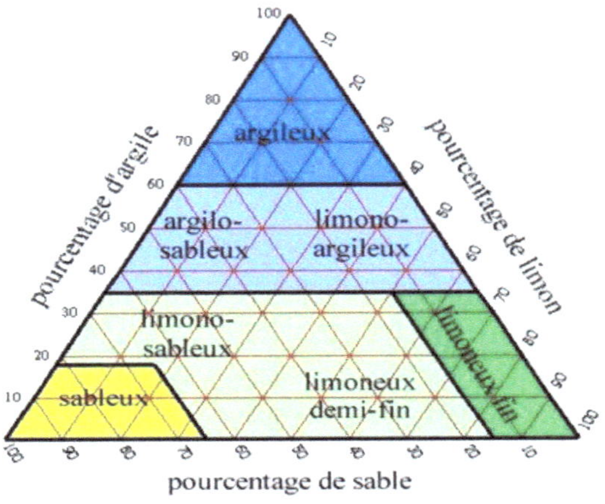

Grâce à ce facteur nous pouvons en déduire si nous devons planter hors sol (sous la forme de butte par exemple), si le sol en lui-même ne pourrait pas permettre une bonne culture. Nous pouvons également déterminer les légumes les plus appropriés au type de sol concerné. En prenant en compte les caractéristiques extrêmes :

- Le sol sableux est un sol composé principalement de sable et très peu fertile donc peu propice à la plupart des végétaux.

- Le sol argileux est composé d'un grand nombre de minuscules particules de roche. Pour cette raison, le sol argileux est extrêmement lourd et compact : - Il laisse difficilement passer l'eau : En période de sécheresse, il devient très dur et peut se fendiller. La réhydratation est alors longue et difficile. Par temps humide, l'eau a tendance à s'accumuler à la surface du sol, ce qui le rend boueux et collant. - En raison de sa richesse en minéraux, le sol argileux est très fertile et permet de cultiver de nombreuses plantes. - Son caractère imperméable et dense le rend relativement difficile à travailler.

- Le sol limoneux est riche et fertile, léger mais se compacte facilement lorsqu'il est piétiné, facile à travailler, se réchauffe vite dès les premiers ensoleillements printaniers, perméable à l'eau et à l'air. En revanche il est aussi fragile car il ne contient que très peu d'argile et de sable et s'appauvrit au fil des années.

<u>Prélèvement des Lombriciens</u>

Cette méthode consiste à aligner trois zones d'échantillonnage de 1m² espacées chacune de 6 m. Les zones doivent être dénudées de toute végétation.

Sur place, il faut diluer 2 petits pots de moutarde forte commerciale dans un arrosoir de 10L d'eau. Puis, il faut appliquer à 15 minutes d'intervalle 2 épandages de solution de moutarde diluée de fa-

dans une bassine remplie d'eau. Après un lavage, on les classe selon leur couleur.

Cités précédemment dans les principes de la permaculture, les vers font entièrement partie du système. Ils sont même indispensables, ils dépolluent les sols, traitent les eaux usées, recyclent les déchets, labourent le jardin, luttent contre l'érosion, redonnent vie à nos terres arides, soignent les végétaux, nourrissent nos plantes. La densité de vers permet de déterminer la fertilité du sol.

Le climat:

Nous devons évaluer les conditions climatiques du milieu : l'exposition au soleil et au vent, les précipitations et les variations de température mais aussi évaluer les risques climatiques importants comme les inondations, incendies, sécheresse, niveau de la mer.

La permaculture, comme tout type d'agriculture nécessite certaines conditions météorologiques et donc l'étude de celles-ci est primordiale. Afin de savoir si la région est adaptée ou non à la permaculture, on peut donc étudier les différents résultats des diagrammes ombrothermiques. Ces résultats portent sur les variations de température, les cumuls de précipitation, l'ensoleillement, le vent ou même la pression atmosphérique.

Le climat se détermine grâce à des moyennes faites sur 20 ans minimum. Nous pourrons ainsi en déduire la saisonnalité. Cela va nous permettre d'obtenir des informations précises et utiles sur le milieu étudié pour pouvoir prédire le rendement des plantations concernées et pouvoir organiser le jardin en fonction du climat.

<u>Topographie:</u>

On peut étudier la topographie grâce aux courbes de niveaux que nous pouvons tracer à l'aide de la technique de la fermette.

Ce niveau est appelé le niveau égyptien, aussi appelé fermette (du nom d'un élément de charpente en bois) ou encore A-frame (en forme de A).

Pour réaliser ce test, il faut :

- 2 tasseaux de même longueur (1,5m)

- 1 planche (1m)

- Clous ou vis

- 1 bout de ficelle

- 1 crayon

- 1 lest pour mettre au bout du fil

Les étapes à suivre sont les suivantes :

- Confectionner un angle de 60° avec les 2 tasseaux

planche horizontale

- Placer la fermette sur une surface parfaitement horizontale (utiliser un niveau à bulle pour vérifier)

- Après immobilisation du fil lesté, marquer d'un trait sa position sur la planche : c'est le repère d'horizontalité.

On obtient donc une zone délimitée à même altitude, ce qui facilite la plantation de certains plants nécessitant d'être plantés à même altitude.

<u>Géologie:</u>

Le terme géologie est utilisé pour parler des caractéristiques du sous-sol d'une région donnée, que l'on peut d'ailleurs observer sur des cartes géologiques auxquelles il faut se référer avant de commencer à planter. Il faut prendre en compte les risques tels que les affaissements, retrait-gonflement des sols argileux, mouvements de terrain, séisme, inondations. Le sous-sol peut renfermer des choses très utiles et intéressantes pour la permaculture.

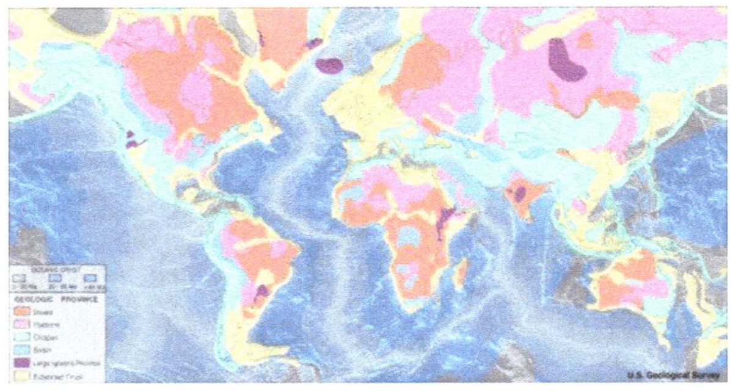

Hydrologie:

L'hydrologie est la science de la terre qui s'intéresse au cycle de l'eau, c'est-à-dire aux échanges entre l'atmosphère, la surface terrestre et son sous-sol. L'hydrologie est liée à l'étude des précipitations. Il est nécessaire d'analyser les sources d'eau avoisinant le terrain utilisé : présence de nappe phréatique, source d'eau, rivière ou lac mais aussi d'analyser la pluviométrie. Nous pourrons en déduire si une rétention d'eau est nécessaire à la culture. Pour cela, on a parfois recourt aux **cartes piézométriques**[1].

[1]**Carte piézométrique** : Retranscription cartographique de la surface des nappes d'eau souterraine

Deuxième partie : Etude de cas au lycée St Joseph

Chapitre 4 : Théorie

Nous sommes donc allés sur le terrain de notre lycée Saint Joseph pour y étudier le sol, les conditions et ainsi pouvoir déterminer si la permaculture était envisageable ou pas.

Dans un premier temps, nous avons commencé par mesurer le terrain disponible à l'aide d'un mètre. D'après nos mesures, le terrain couvre environ 1000 mètres carrés. Ensuite, nous avons réalisé diverses études du sol et du climat.

Etude du sol de St Jo

Méthode du bocal

Afin de mener à bien notre projet, nous avons dû réaliser les tests précédemment énoncés.

Nous avons tout d'abord procédé au test du sol avec la méthode du bocal. Nous avons cependant rencontré des difficultés matérielles puisque l'expérience fut réalisée avec les moyens quelque peu restreints de notre lycée. Par exemple, nous avons utilisé une bouteille de jus nous servant de bocal et un sac plastique attaché avec une ficelle en guise de bouchon, ce qui nous a fait perdre en précision.

Néanmoins, nous avons obtenu des résultats intéressants et avons pu dresser la composition du

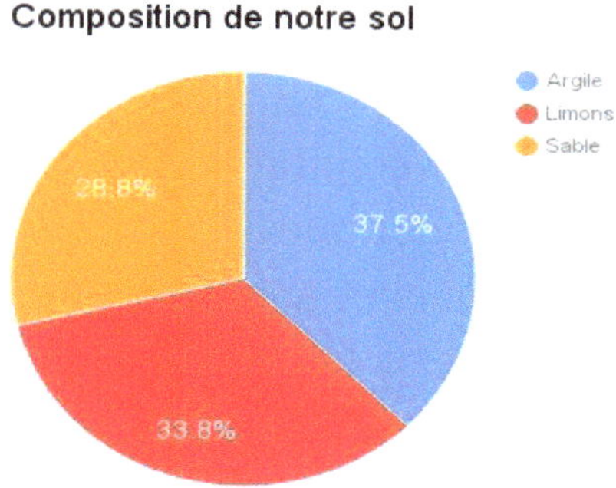

Diagramme circulaire représentant
la composition du sol à St Joseph

sol du terrain :
Avec l'aide de la pyramide de texture du sol affichée dans les pages précédentes, le sol est donc argilo-limoneux.

<u>Le test des Lombriciens</u>

Afin de préciser notre analyse, nous avons réalisé le test des Lombriciens avec Frédéric Proniewski, expert de la permaculture dans la région havraise, lors du LH Forum au lycée St Joseph. Cependant, le test n'a pas été concluant. Les conditions climatiques n'étaient pas assez satisfaisantes pour réaliser le test. En effet, en période de froid, les Lombriciens s'enfoncent plus profondément dans le sol, rendant ce test impossible.

Etude du climat havrais

Le climat havrais est un climat tempéré océanique: les vents, précipitations et orages en tout genre sont caractéristiques de ce climat normand. Les hivers sont frais et les étés doux. De plus les températures varient beaucoup selon les saisons et même pendant une même journée.

Le diagramme ombrothermique suivant représente les variations mensuelles sur l'année des températures et des précipitations.
On remarque que les précipitations ont lieu toute

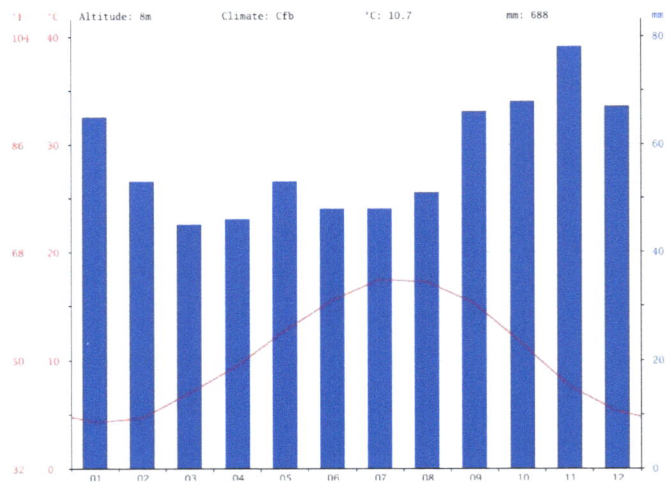

Diagramme ombrothermique de la région Le Havre-Octeville.

l'année: le mois de Novembre est le plus pluvieux. La température ne descend qu'exceptionnellement en deçà de 0°C. Lorsque les précipitations passent en dessous de la courbe de température, on parle de sécheresse. Ce n'est pas le cas sur la région havraise.

Les conditions météorologiques du Havre sont également intéressantes à exploiter. On étudie ici la météo durant l'année 2015.

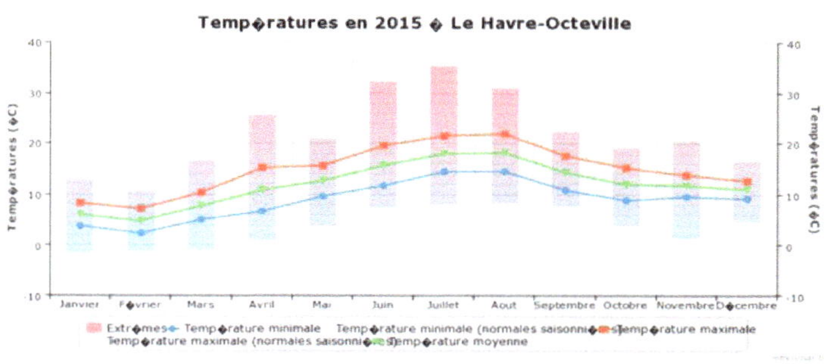

On relève certaines statistiques importantes (mensuelles mais rapportées sur l'année entière) :

Les températures sont en degrés Celsius (°C).
- Température maximale : 35,5°C
- Températures moyenne : 11,8°C
- Température minimale : -1,8°C

Voici une courbe des précipitations de 2015 :

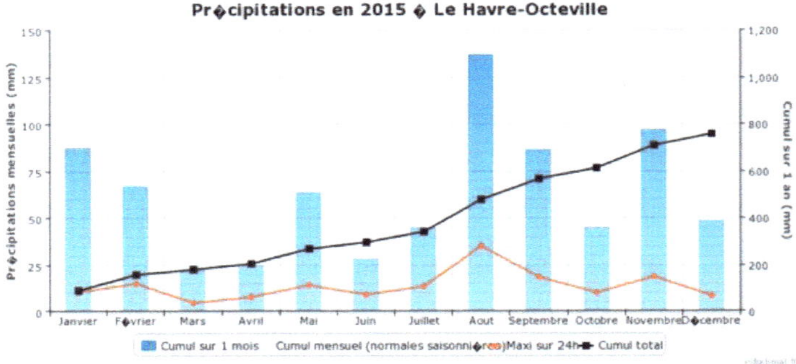

L'étude donne aussi des renseignements exploitables concernant les précipitations, que l'on traduit à l'échelle annuelle :

- Cumul des précipitations : 755,1 mm
- Maximum en 24h : 34,8 mm
- Maximum en 5 jours : 67,1 mm
- Neige (au sol) maximale : 0,0 mm

Topographie

Concernant la topographie du terrain, nous n'avions pas les ressources matérielles nécessaires pour réaliser les tests requis. Cependant, nous pouvons remarquer à l'œil nu que le terrain présente une pente conséquente. En attendant de pouvoir réaliser ce test, nous n'avons rien planté sur cette pente, même si cela peut être un avantage de faire de la culture sur pente.

Géologie

Pour pouvoir analyser la géologie du jardin., nous avons contacté l'association Sciences et Géologie Normande.

<u>Hydrologie</u>

Nous avons remarqué qu'il n'y a pas de réservoir naturel d'eau dans le terrain disponible. Cependant, la permaculture, comme tout type d'agriculture, nécessite un apport régulier en eau. L'éthique de la permaculture nous oblige à ne pas utiliser une source d'eau externe au système indépendant (robinet classique). C'est pourquoi il a été jugé nécessaire de construire une mare.

:

Chapitre 5 : Aménagements au lycée

Après l'étude du terrain à notre disposition à l'institution Saint Joseph, nous pouvons procéder à la création de quelques aménagements dont la plupart sont à la base de la permaculture:

Culture sur butte

La butte est l'un des symboles de la permaculture. C'est un espace auto fertile très productif. Elle a comme objectif l'amélioration du sol et la création d'un écosystème entier.

Il y a 2 types de buttes :
- La "Butte Morez" a pour but de maximiser le rendement avec tous les moyens à disposition du jardinier. Elle s'inspire de l'agriculture bio intensive citée précédemment dans le tableau des différents types d'agriculture.
- La butte en lasagnes cherche en revanche à imiter la nature et à réduire le travail, même si le résultat va être atteint avec plus de difficulté et avec un rendement inférieur. C'est ce type de butte qui est utilisé en permaculture.

Nous avons donc utilisé la technique de la butte en lasagnes: elle correspondait plus à l'état d'esprit permacultural.

Cette butte n'est pas composée de terre mais d'une alternance de couches de matériaux. Elle a pour but de mettre en culture des terres peu fer-

tiles et parfois même non adaptées à la culture comme les surfaces bétonnées et goudronnées.
Elle permet de valoriser toutes sortes de matières organiques souvent considérées comme des déchets.

Pour créer deux buttes en lasagnes, nous avons creusé une partie du sol. Nous l'avons ensuite recouverte d'une couche de carton puis d'une couche bois mort. Ainsi, nous avons alterné des couches d'azote et de carbone. Nous avons également mis une couche de fumier juste au-dessus des cartons pour équilibrer le carbone et l'azote. Enfin, nous l'avons recouverte de terre végétale afin d'éviter que la terre soit à nue. Nous avons également ajouté les vers déterrés de la mare pour plus de fertilité. Ces buttes nécessitent un bon arrosage pour une bonne fertilité.

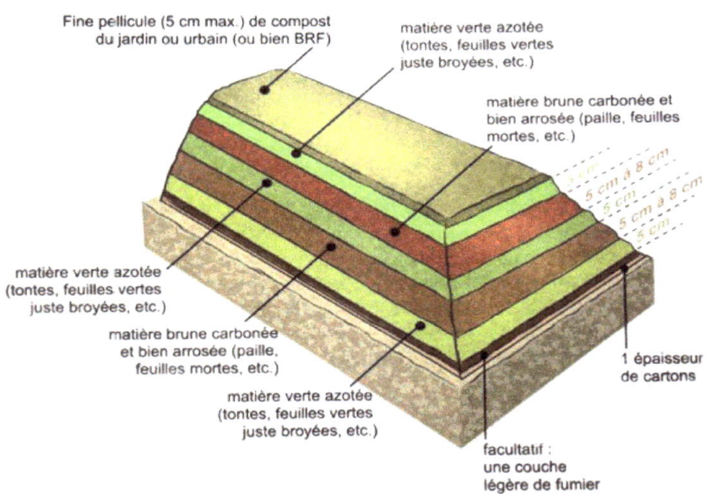

Ces buttes vont avoir quelques avantages pour nous:

- Elles ont une plus grande surface de plantation car la butte est un dôme.
- Il n'y aura pas d'excès d'humidité car les cultures vont être hors sol.
- Le sol se réchauffera plus facilement que sur un terrain plat. En effet la surface exposée au soleil est supérieure.

Nous avons planté sur ces buttes quelques salades, actuellement en pleine pousse.

Spirale d'aromatiques

Obtenir une biodiversité maximale sur un très petit espace, voilà l'objectif principal de la spirale d'aromatiques.

Cette technique de culture permet de multiplier les écosystèmes par rapport à une culture plate et en ligne droite. Dans cette dernière, les plantes sont soumises aux mêmes conditions. Grâce à la spirale, les conditions varient en jouant sur les hauteurs, les expositions, les natures de sol. Cela va permettre de cultiver une grande diversité de plantes, avec chacune ses exigences particulières.

Pour créer une spirale d'aromatiques, un espace ouvert, uniforme et plat est nécessaire. La hauteur de la spirale est importante: une spirale trop basse ne peut pas remplir son rôle car les zones de soleil, d'ombre et la profondeur ne sont pas assez importantes pour différencier les microclimats.

Le but est donc de composer plusieurs écosystèmes : du sable en haut de la spirale pour une zone plus sèche et drainante, du fumier et du compost à la base de la spirale pour faire une zone riche et humifère. L'édifice de la spirale est en pierres sèches, récoltées sur le mur qui délimite le jardin. Il est nécessaire de laisser des interstices entre les pierres pour permettre aux animaux et aux plantes de s'y installer. La localisation des plantes s'établit en fonction de leurs besoins:

Position dans la spirale	Type d'aromates
Base de la spirale	Aneth, origan, basilic, ciboulette, menthe, aspérule
Bas de la pente	Persil, oseille ou angélique.
Haut de la pente	Pimprenelle, bourrache, pyrèthre, millepertuis per-
Haut de la spirale	Principalement des plantes méditerranéennes et de garrigue (Exemple: lavande, hysope, sarriette, thym, romarin, rue, fenouil, centranthe...)

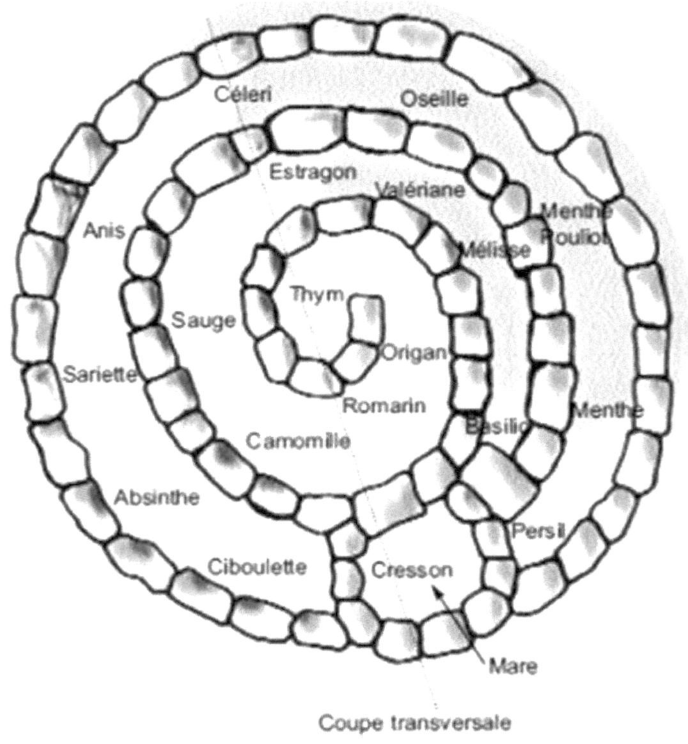

Schéma récapitulatif du tableau précédent. Source : Passerelleco

La mare

Une mare est un élément important, avec plusieurs fonctions. C'est une source de chaleur puisque la surface de l'eau réfléchit les rayons du soleil. Elle apporte de la biodiversité et on peut y laver les outils. C'est une source de production végétale qui récupère, stocke de l'eau, et permet la réduction voire l'arrêt de l'érosion des sols. Enfin elle crée des microclimats.

Pour créer une mare , nous avons creusé directement dans le sol et nous avons réutilisé la terre extraite pour les buttes ou la spirale. La prochaine étape est de recouvrir la mare d'une bâche pour l'étanchéité. La mare est encore en cours de construction.

Construction de la mare. Crédit : Bilel Benaouda.

Hôtel à insectes

Comme cela a été énoncé dans les principes, la permaculture est un système qui est basé sur l'interdépendance de toutes les entités du jardin. Les plantes sont utiles aux animaux et inversement. Il est donc nécessaire d'attirer quelques insectes grâce à des hôtels.

Ils sont composés de plusieurs "chambres". Ce sont des abris spécifiques en fonction des différents types d'insectes. Ils attirent les éléments nuisibles et les « auxiliaires »[1]. Pour lutter contre les premiers, il faut favoriser la présence des seconds. L'idéal en cas d'attaque est de disposer dans son jardin d'auxiliaires toujours prêts à les repousser. A St Joseph, nous avons donc créé des hôtels pour accueillir les insectes.

[1]Auxiliaire : Permet de réguler les populations de ravageurs et de polliniser les fleurs et légumes.

Compost

En permaculture, rien ne se jette, tout se réutilise. Le compost est fondamental pour respecter ce principe. Le compost est composé de déchets recyclés qui proviennent de la cuisine ou encore du jardin. Ce compost permet de rendre la terre plus fertile.

Certains des déchets constituent de la matière végétale « carbonée » et d'autres à l'inverse, de la matière végétale « azotée ». Pour un compost parfait, il doit être constitué de 2/3 de matières azotées et d'1/3 de matières carbonées.

Il faut brasser les déchets en les incorporant au compost, sinon ces derniers manquent d'oxygène et l'odeur deviendra nauséabonde. Les matières carbonées permettent cette bonne aération et viennent contrebalancer l'humidité des autres éléments azotées.

Nous avons créé un compost au fond du jardin grâce à un assemblage de palettes.

Schéma du compostage. Source : Agir-pour-la-planète.

Chapitre 6 : Améliorations futures

Malgré la mise en place d'un bon nombre d'aménagements que nous venons de citer, le jardin de permaculture de St Joseph est loin d'être terminé et de nombreuses améliorations sont en cours:

Récupérateur d'eau de pluie

Nous avons envisagé la possibilité de récupérer l'eau de pluie pour subvenir aux besoins du jardin. Au vu de la pluviométrie, il est envisageable de mettre en place un récupérateur d'eau de pluie qui pourrait alimenter la mare et arroser les plantations.

L'apport en eau ne coûterait rien excepté l'investissement pour la construction du récupérateur. De plus l'eau de pluie est très pauvre en calcaire. Il faudrait déterminer le volume de la rétention d'eau après une étude des besoins du jardin.

Niche à oiseaux

Comme nous l'avons dit précédemment, les auxiliaires sont déterminants dans l'équilibre du jardin (une nichée de mésanges élimine 40000 larves et insectes). Après avoir accueilli les insectes avec les hôtels , nous nous sommes penchés sur la mise en place de niches qui permettront aux oiseaux de rester dans le jardin. Il faut alors déterminer le type de nichoir en fonction de l'espèce que nous voulons accueillir.

Le nichoir facilite la reproduction des oiseaux et donc participe au maintien de la biodiversité.
Il existe trois types : le nichoir à ouverture frontale, le nichoir-tunnel et le nichoir- boîte percé d'un trou d'accès. La vigilance est de rigueur sur le type de bois employé, sur le diamètre du trou perforé et la localisation du nichoir (il faut le protéger des prédateurs et de la pluie, tenir compte des habitudes des espèces et protéger l'arbre sur lequel il est fixé).

Plantation de haies et arbustes

Nous envisageons de faire de nouvelles plantations telles que des arbustes et des haies. On peut les qualifier de brise-vent. Les brise-vent ont une réelle influence sur le microclimat. Le vent refroidit et assèche les cultures et le sol. Pour cela, il faut considérer la densité, la hauteur et l'espèce des arbres qui vont former une ceinture protectrice.

La haie participe également à la biodiversité, peut fournir des fruits et régule la température. Le vent doit être dévié progressivement : une coupure brutale à un point précis va augmenter la force du vent un peu plus loin: ce qui provoquera le contraire de l'effet attendu.

La haie va devoir « filtrer » le vent et non le bloquer, pour ne pas engendrer des perturbations et frictions néfastes sur les côtés de la zone. La largeur de la haie doit être assez grande car le vent a tendance à contourner les obstacles.

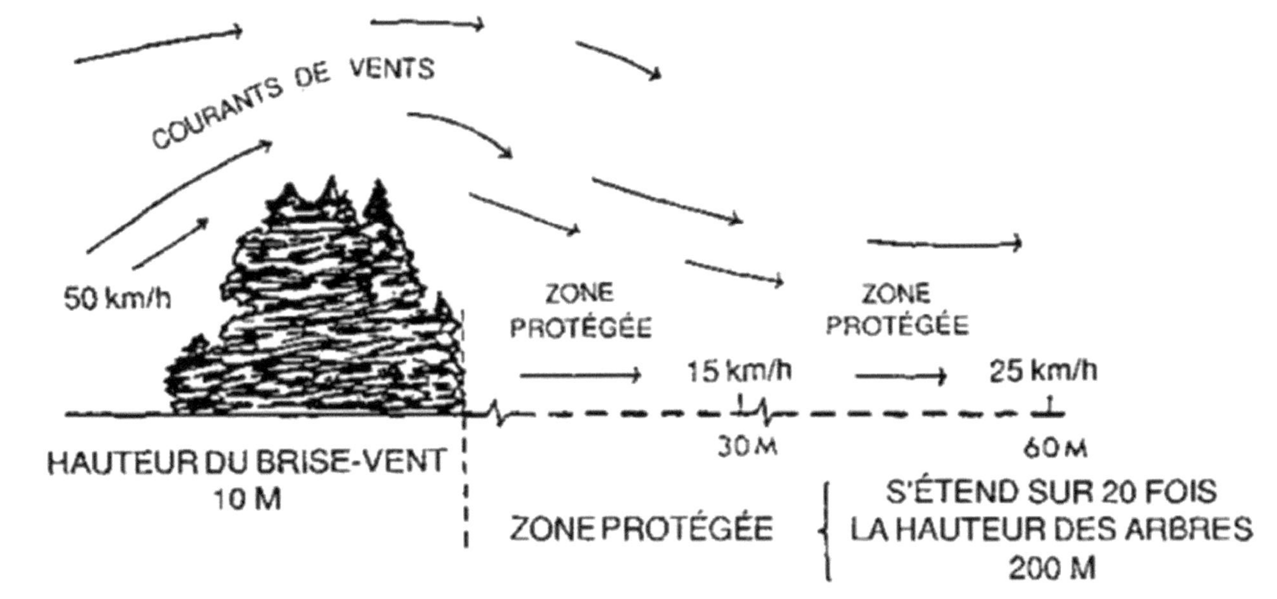

Fonctionnement d'un brise-vent. Source : FAO.

<u>Troisième partie : Développement durable et jeunesse</u>

Chapitre 7 : Théorie

Dans le cadre de notre projet permaculture, nous nous sommes penchés sur le sujet du développement durable. En effet, cette agriculture permanente se distingue de l'agriculture "traditionnelle" : comme son nom l'indique, elle respecte les objectifs écologiques. C'est peut-être Fukuoka, dans son livre <u>La révolution d'un seul brin de paille</u>, qui a le mieux énoncé la philosophie fondamentale de la permaculture : il s'agit de travailler avec et non contre la nature.

Tout d'abord, définissons le développement durable. C'est une forme de développement économique ayant pour objectif principal de concilier le progrès économique et social avec la préservation de l'environnement, ce dernier étant considéré comme un patrimoine devant être transmis aux générations futures.

Ce développement peut être appliqué partout. Toutes les villes ont des terrains libres non utilisés (des bords des voies, des coins de rue, des pelouses, des terrains autour des maisons...) Certes, beaucoup d'agglomérations possèdent une certaine végétation, mais les plantes présentes n'ont aucune utilité pour l'homme. Or les villes pourraient, à peu de frais, subvenir à une grande partie de leurs besoins alimentaires ; et, pour ce faire utiliser une grande quantité de leurs propres déchets comme mulch et compost.

Dans un futur utopique, en développant des permacultures privées et publiques, les gens pourraient voir des ressources alimentaires nouvelles s'ajouter aux protections et s'adonner eux-mêmes à des tâches ayant un sens, en contribuant à leur propre survie (et à celle des autres). N'importe quel jardin botanique montre quelle riche variété peut atteindre l'agriculture citadine, qui pourrait aussi fournir des graines, des conseils, et des compétences. C'est une simple affaire de persuasion publique et de décision responsable.

La restructuration de l'agriculture est un aspect essentiel de toute tentative pour remédier à la crise de l'environnement à laquelle l'homme se trouve confronté. En effet, l'effet de serre provoque des ravages sur le climat planétaire (pour la première fois, la banquise de l'Antarctique a fondu en plein hiver glacial).

Un changement de direction d'une agriculture largement utilisatrice de main-d'œuvre, avec pour objectif à long terme une productivité améliorée et une moindre consommation d'énergie, est devenu nécessaire.

A titre d'exemple, avec pour but d'utiliser au maximum les ressources renouvelables (comme les déchets animaux), de parvenir à l'autosuffisance régionale, et d'augmenter le plus possible l'intervention humaine, les Chinois (qui se fondent sur de très vieilles traditions) semblent être le seul peuple qui ait réussi à ne pas tomber dans l'impasse de l'agriculture industrielle de l'Occident. Certaines nations du tiers-monde s'appliquent à la même transformation. Ces changements impliquent une révolution dans les modes de vie et dans la société en général.

De plus, les systèmes en permaculture sont très productifs : 10 à 20 calories produites pour 1 calorie investie en moyenne. Par comparaison, les différents types d'agriculture ont une productivité moyenne 150 à 400 fois plus faible : 1 calorie-produite pour 15 à 20 investies en moyenne. La permaculture est donc très productive, cela évite de consommer le peu d'énergie que possède actuellement la planète.

Le vendredi 27 Janvier, nous avons pu rencontrer une figure importante de l'écologie en France, Nicolas Hulot. Le défenseur du développement durable était dans un lycée du Havre pour donner une conférence sur le réchauffement climatique. C'est dans ce contexte que nous avons pu l'interroger sur la permaculture. Voici un extrait de l'interview réalisée:

"Pensez-vous que la permaculture est une solution d'avenir pour lutter contre le réchauffement climatique?"

"La permaculture, c'est le seul modèle qui permet de répondre aux enjeux alimentaires [...], de lutter contre le changement climatique. Je suis convaincu, tout comme la FAO, que c'est la voie que l'on doit prendre. Il y a une diversité de bénéfices. [...] La permaculture, c'est l'association de l'intelligence de la nature et de l'intelligence humaine, et quand vous regardez ça sur le terrain, c'est merveilleux. C'est excessivement sophistiqué. "

En réalisant ce projet, nous sommes conscients que notre action à petite échelle n'aura pas un impact important dans l'agriculture nationale. Cependant, nous sommes persuadés que c'est un pas de plus vers un futur plus responsable. Le lieu de notre projet est également un facteur important : au sein d'un lycée, nous pensons pouvoir avoir un impact, aussi faible soit-il, sur de nombreux futurs adultes et responsables de demain.

Chapitre 8 : Résultats et impacts

Comme dans toute expérience scientifique, il est nécessaire de faire régulièrement des bilans, afin d'orienter la démarche en fonction des résultats obtenus . Dans le cadre de la permaculture à St Joseph, nos conclusions ne peuvent pas être définitives. En effet, ce type de culture nécessite du temps et les premières conclusions sont généralement posées au bout d'un an ou deux. Faute de recul suffisant (ce projet n'existe que depuis quelques mois,) nos résultats ne sont donc pas exhaustifs.

Intéressons nous, dans un premier temps, à tous les aspects qui ont fonctionné. Tout d'abord, il nous paraît judicieux de rappeler que le terrain initial a été laissé au dépourvu de tout entretien pendant des années. L'expérience a donc été d'autant plus difficile.

Après moins de quatre mois, les premiers résultats sont plutôt positifs. Effectivement, les premières plantations continuent de pousser malgré les conditions météorologiques difficiles et une mauvaise qualité initiale du sol. Les principes de la permaculture ont été respectés tout au long de cette expérience scientifique. En effet, l'apport énergétique initial a été minimal et les ressources naturelles ont été exploitées.

"Pensez-vous que la permaculture est une solution d'avenir pour lutter contre le réchauffement climatique?"

"La permaculture, c'est le seul modèle qui permet répondre aux enjeux alimentaires […], de lutter contre le changement climatique. Je suis convaincu, tout comme la FAO, que c'est la voie que l'on doit prendre. Il y a une diversité de bénéfices. […] La permaculture, c'est l'association de l'intelligence de la nature et de l'intelligence humaine, et quand vous regardez ça sur le terrain, c'est merveilleux. C'est excessivement sophistiqué. "

En réalisant ce projet, nous sommes conscients que notre action à petite échelle n'aura pas un impact important dans l'agriculture nationale. Cependant, nous sommes persuadés que c'est un pas de plus vers un futur plus responsable. Le lieu de notre projet est également un facteur important : au sein d'un lycée, nous pensons pouvoir avoir un impact, aussi faible soit-il, sur de nombreux futurs adultes et responsables de demain.

Chapitre 8 : Résultats et impacts

Comme dans toute expérience scientifique, il est nécessaire de faire régulièrement des bilans, afin d'orienter la démarche en fonction des résultats obtenus ou non. Dans le cadre de la permaculture à St Joseph, nos conclusions ne peuvent pas être définitives. En effet, ce type de culture nécessite du temps et les premières conclusions sont généralement posées au bout d'un an ou deux. Etant donné que ce projet n'existe uniquement depuis quelques mois, nos résultats ne sont donc pas exhaustifs.

Intéressons dans un premier temps sur tous les aspects qui ont fonctionné. Tout d'abord, il nous paraît judicieux de rappeler que le terrain initial a été laissé au dépourvu de tout entretien pendant des années. L'expérience a donc été d'autant plus difficile.

Après moins de quatre mois, les premiers résultats sont plutôt positifs. Effectivement, les premières plantations continuent de pousser malgré les conditions météorologiques difficiles, ainsi que la mauvaise qualité initiale du sol. De plus, les principes de la permaculture ont été respectés tout au long de cette expérience scientifique. En effet, l'apport énergétique initial a été minimal et les ressources naturelles ont été exploitées.

Quant aux partages des ressources, nous avons émis l'idée de redistribuer les récoltes à des personnes dans le besoin, comme des sans domiciles fixes, par exemple.

De plus, nous avons remarqué que ce projet a permis de sensibiliser un grand nombre de professeurs et d'élèves lycéens et collégiens, au développement durable. Chaque mardi et jeudi, sur l'heure du midi, nous avons vu des collégiens prendre du plaisir à creuser la mare, aider à l'avancement du projet et changer de regard sur l'agriculture « verte ».

Penchons-nous à présent sur les aspects qui n'ont pas fonctionné. Comme vu précédemment, pour réaliser un jardin en permaculture, il faut respecter un certain nombre de principes. Même si la plupart ont été respectés, la réalisation de certains principes a échoué. Tout d'abord, l'observation ,un des principes les plus importants, n'a pas été respectée. Effectivement, le projet a débuté le 14 Septembre 2016, deux semaines après la rentrée des classes. Le temps laissé pour l'observation fût beaucoup trop court.

De plus, par manque du temps, nous n'avons pas pu recréer un écosystème digne de ce nom. Cela prend du temps, plusieurs mois voire plusieurs années. Pour l'instant, excepté la mare qui n'est pas encore utilisée, aucun moyen pour stocker de l'énergie n'est présent sur le terrain, pour des raisons administratives.

Malgré quelques aspects à parfaire avec le temps, nous pouvons donc voir que les premiers résultats, non exhaustifs, sont plutôt encourageants pour la suite.

Chapitre 9 : Analogies

<u>Autre établissement scolaire</u>

Après avoir débuté ce projet au sein de l'Institution St Joseph, nous nous sommes interrogés : « Pourquoi ne pas développer cette idée dans d'autres établissements scolaires afin de sensibiliser un plus grand public au développement durable et à la création d'une démarche scientifique?

Pour cela, nous avons rencontré M.Delamare, directeur du lycée professionnel Françoise de Grâce au Havre.

Voici un extrait de l'interview :

Connaissez-vous la permaculture ?

« Je connais un petit peu la permaculture. Pour être honnête, je ne connaissais pas il y 6 mois, un an. C'est grâce aux élèves du lycée Françoise de Grâce, aux professeurs et au LH Forum 2015, que je m'y connais un peu mieux.

Avez-vous un jardin de permaculture dans votre lycée ?

Oui , il est en train de se mettre en place [...]. L'idée initiale était de mettre ce jardin à l'extérieur de l'établissement, aux abords proches pour avoir un partage avec la population. Après négociations avec la mairie du Havre, il s'est avéré

Préférable de le mettre en interne pour éviter les dégradations.

Que pensez-vous de ce projet dans un lycée ?

Il y a plusieurs paramètres. Tout d'abord la notion de projet concret, mais aussi la dimension sociale avec la notion de partage. Cela permet de voir son établissement autrement. Enfin, il y a la dimension du développement durable. Tous ces notions sont importantes pour les élèves. »

Conclusion

Très perméable au respect de l'environnement, la permaculture consiste à créer un écosystème exemplaire : rien ne se perd, tout se complète et se recycle. Ainsi, planter des fleurs entre des rangées de légumes attire les abeilles, qui pollinisent en plus de fournir du miel. Voilà un exemple qui illustre bien le concept de permaculture. Ce mode d'agriculture existe donc depuis des siècles, bien que son appellation soit récente. C'est l'aboutissement de l'évolution de l'agriculture au cours du temps.

Définie par Bill Mollison et David Holmgren dans leur livre Perma-culture 1, la permaculture est un mode innovant qui permet de répondre aux besoins primaire des humains, en se rapprochant le plus possible du système de la nature. Accessible à tous, la permaculture a néanmoins de nombreux principes importants, concernant l'éthique et la conception. C'est pourquoi il est nécessaire d'étudier le milieu en permaculture, avec des observations minutieuses sur le long terme.

Dans le cadre de nos Travaux Pratiques Encadrés, nous avons donc pris le jardin disponible au lycée à titre d'étude de cas. Dans un premier temps, nous avons analysé le terrain, avec des observations liées à divers domaines, comme la climatologie ou encore la topographie.

Par la suite, nous avons réalisé de nombreux aménagements. Puis, nous avons réfléchi aux améliorations futures qui permettraient un développement du jardin.

Dans un dernier temps, nous nous sommes intéressés à l'impact de notre jardin sur le développement durable. Nous nous sommes d'abord penchés sur l'aspect théorique de ce concept, avant de pouvoir établir un bilan provisoire de nos résultats. Enfin, nous avons établi des analogies entre la permaculture et les cultures ancestrales, un autre établissement scolaire et une ferme qui respecte les aspects du développement durable.

Nous pouvons donc dire, à l'issue de notre démarche, que la permaculture est envisageable au lycée St Joseph. En effet, elle nécessite peu d'entretien car tous les déchets sont réutilisés. La difficulté de ce projet est de concilier la durée courte d'une année scolaire avec le temps long que nécessite une démarche de permaculture. Mais la présence d'un adulte qui gère le jardin, permettra une transmission des connaissances. La création de ce projet sur le long terme pourra sensibiliser les adultes de demain au développement durable et à de nouvelles formes d'agriculture.

Bibliographie

LIVRES :

- MALASSIS Louis. *Les trois âges de l'alimentaire*. Cujas, 1997.
- MOLLISON Bill et HOLMGREN David. *Perma-culture 1: Une agriculture pérenne pour l'autosuffisance et les exploitations de toute taille*. Éditions Charles Corlet, 2011 (1978 dans sa version originale anglaise, 1986 dans sa première édition française).
- MOLLISON Bill et HOLMGREN David. *Perma-culture 2: Aménagements pratiques à la campagne et en ville*. Éditions Charles Corlet, 2011 (1979 dans sa version originale anglaise, 1986 dans sa première édition française)
- COLLAERT Jean Paul. *L'art du jardin en lasagnes*. EDISUD, 2010.

SITE WEB :

- Académie d'Agriculture de France.[En ligne]. Académie d'Agriculture de France, Date Inconnue. Indisponible: https://www.academie-agriculture.fr/seances/les-differents-types-dagriculture-evolution-des-relations-entre-agriculture-et-environnement/
- Consoglobe.[En ligne]. Consoglobe, 15 août 2011 [consulté le 11 novembre]. Disponible sur: http://www.consoglobe.com/biodynamique-raisonnee-le-point-sur-les-differentes-formes-dagriculture-cg/2

- Agropolis-Museum.[En ligne]. Ministère de la Culture et de la Communication, mai 2011 [consulté le 11 novembre]. Disponible: http://museum.agropolis.fr/default.htm
- Agriculture.gouv.fr [En ligne] Ministère de l'agriculture, de l'agroalimentaire et de la forêt. Date inconnue [Consulté le 5 Février]. Disponible: http://agriculture.gouv.fr/
- Les Principes de la Permaculture en Français [En ligne] Richard Telford. Date inconnue. Disponible: https://permacultureprinciples.com/fr/
- actu-environnement.com [En ligne] actu-environnement, 2017 [consulté le 11 février] Disponible: http://www.actu-environnement.com/
- terrevivante.org [En ligne] Terre vivante, 2008. [consulté le 28 janvier] Disponible: http://www.terrevivante.org/
- Climate-data.org. [En ligne]. Climat Le Havre, date inconnue. [consulté le 28 novembre]. Disponible : https://fr.climate-data.org/location/718544/
- Infoclimat. [En ligne]. Climatologie de l'année 2014 à Le Havre-Octeville, Date inconnue. [consulté le 15 décembre]. Disponible : https://www.infoclimat.fr/climatologie/annee/2014/le-havre-octeville/valeurs/07046.html
- Actu-Environnement.com. [En ligne]. Dictionnaire environnement, date inconnue. [consulté le 19 décembre]. Disponible : http://www.actu-environnement.com/ae/dictionnaire_environnement/definition/hydrologie.php4

Editeur: BoD - Book on Demand,

12/14 rond-point des Champs Elysées, 75008 Paris

Impression: BoD- Books on Demand, Allemagne

ISBN: 978-2322083923

Dépôt légal: Septembre 2017

FSC
www.fsc.org
MIXTE
Papier issu
de sources
responsables
Paper from
responsible sources
FSC® C105338